AF187865

Konrad Dasypodius

Wahrhafftige Außlegung des astronomischen Uhrwerks zu

Straßburg

Konrad Dasypodius

Wahrhafftige Außlegung des astronomischen Uhrwerks zu Straßburg

ISBN/EAN: 9783743696150

Hergestellt in Europa, USA, Kanada, Australien, Japan

Cover: Foto ©ninafisch / pixelio.de

Weitere Bücher finden Sie auf **www.hansebooks.com**

Wårhafftige

Außlegung des Astronomischen
Vhrwercks zu Straßburg/beschriben
Durch

M. Cunradum Dasypodium/ der solches Astronomische
Vhrwerck anfenglichs erfunden/ vnd angeben.

Gedruckt zu Straßburg bey Nyclauß Wyriot.

M. D. LXXVIII.

Den Edlen/Ehrenvesten/Hoch/vnd
Wolgelehrten/fürsichtigen vnd weysen Herren
Doctor Johann Cunrad Meyer Burgermeyster/Juncker
Johann im Thurn/M. Cunrad Vlmer/Henrich Ramsaw/
Doctor Cosma Holtzacker/vnd Doctor Benedict Burgawer/
Herren Scholarchis der Statt Schaffhausen/seinen
insonders großgünstigen Herren ꝛc.

Es ist ein frag vnder den gelehr=
ten/die ob sie wol nicht sehr wich=
tig scheint sein/ so hat sie doch ein
gůt vnd lustig bedenckē/namlich
ob gelehrtere vnd verstendigere/
auch künstlichere leüt/ vor alten
zeiten/bey den Juden/Griechen/Römeren/ vnd
anderen völckeren/ gewesen seyen/ oder aber jetz
zu vnseren zeitē/das die jenigen so in guten freyen
künsten sich jetziger zeit vben/ vnd gelehrte künst=
liche leut seindt vnd geachtet werdē/höheres ver
standts vnnd geschicklichkeit seye dann die alten.
Dann so einer die Bibel vnnd heylige Schrifft
liset/ wie Gott Moysi befilcht alle geraydt so zu
dem Priesterthumb gehörig gewesen/zu machen
haben / allerhandt künstler daran gearbeyt/ die
Gott mit sinnreichem verstandt sonderlichen be=
gabt hatt/also auch an dem schönen Tempel Sa
lomonis/welche sein solches zierlich/köstlich/vñ
künstliche bew egwesen/das alle welt sich dessel
bigen zu verwundern gehabt / vnd noch zu ver=

A ij

wunderen ist/ wañ einer solches liset. Also seindt
bey den Griechischen/ Aegyptiern/ Römeren vil
herꝛliche gewaltige Gebew von steyn/holtz / sil=
ber/gold/edelgestein/vñ andere materj/auff das
künstlichest vñ zierlichest gemacht gewesen / daß
wer da sihet die alte stück so etwann zu Rom/vñ
an anderen orten funden werden/ sich der kunst
sehꝛ zu verwunderen hat.

Dargegen zu vnsern zeitten seind auch vil vnd
mancherley herꝛliche/zierliche/vñ von kunst sehr
hoch vñ wolgemachte Gebew/von silber/goldt/
stein/edelgesteyn/holtz/vnd was dann mehꝛ sein
mag/so auch sonst kunst im bawen/ kriegsrüstun
gen / büchsen/ werckzeugen/ vnnd anders dessen
man sich auch zuverwunderen hat/vnd so solche
newlichen zu vnserer zeit erfundene künst/ gegen
denen gehalten vnd verglichen werden/ die man
findet bey den alten hoch gehalten seindt/ als jetz
genennet der Tempel zu Hierusalem/ vnnd der
Tempel zu Epheso/vnnd die köstliche gebew zu
Rom/vñ andere mehꝛ/gegen den Tempeln/so zu
Straßburg/zu Wien/zu Florentz/vnd an ande=
ren orten seind/ auch andere werck jedes in seiner
art mit den anderen würt verglichen/ findet sich
ein grosser vnderscheidt/ also das wol zu fragen
ist/welche die künstlichsten seyen/die zu vnser zeit
gelebt/vñ noch lebē/oder aber die gar alten/ son=
derlichen dieweil es sich ansehen lasset/ als das
zu

zu vnsern zeitē vil mehr künst erfunden seyen/ dañ
die alten gehabt habē/ fürnemlichē aber in kriegs
rüstungen/ in Druckerey/in wasserbewen/ in ve=
stungen/ in freyen künsten/ vnnd etlichen handt=
wercken.

Fürwar so vil mich belanget/halte ichs darfür/
vnnd verstande dise frag also/ das Gott der All=
mechtig seine gaben deren vnzalbar seind/ wun=
derbarlichen auß theyle/ vnd ihn vilerley vnauf=
sprechliche weg/auch nicht zu allen zeiten/sonder
zu etlichē zeitē/auch nicht auff diß mal alle sampt
mit einander/sonder etwan dise geben/zu der zeit
der welt/andere zu anderen zeiten/vnd die selbi=
gen entweders vil vnd vberflüssig/ oder gar we=
nig/ also das solche kaum geachtet werden vnnd
solches nach der welt/der zeit/vnd anderer vmb=
stend/die er in seinem raht fürgenommen hat/ge=
legenheit.

Dañ zu der zeit der Richter/Sauls/vñ Dau=
dis/ hatt er herrliche gewaltige dapffere kriegs=
leüt geben/die stehtige krieg gefürt haben/so wol
bey den Heyden als bey den Juden. Zů der zeit
Salomonis warde ein fridliche zeit/ vnnd hielt
man vil mehr auff weißheit/verstandt vnd klůg=
heit/dann auff kriegsrüstung/vnd was künstlich
war/das hielte man hoch. Zu der zeit vnd herna=
her waren in Grecia/in Aegypto vil hochgelehr=
te verstendige leüt/ die alle künst herfür suchten/

vnd nichts dahinden liessen was verborgē war/
das sie nicht vnderstünden zu erkundigen/ nach
solchem haben die Römer grosse krieg gefürt/wa
ren widerumb die hoch geachtet/ welche zu dem
streyt tauglich/vñ dapffere Menner waren/biß zu
der zeit Ciceronis/ da die Lateinisch sprach in
grossem werdt war/auch alle künst widerumb an
tag gebracht/also das zu jeden zeit sich befunden
hat/war sein/das Aristoteles schreibt/ die güten
künst haben jhren wandel/zu einer zeit zu der an=
deren. Dann spricht er/es kompt ein zeit/ das die
künst herfür brechen vnnd hochgeachtet seindt/
dargegen so gehn sie wider vnder/vñ seindt nicht
mehr geehrt wie sie wol wehrt seindt/ welches
zwar zu beweisen wol müglich/wañ einer durch
weitleuffigkeyt wolte solches beschreiben/ das
doch mein vorhaben auff diß malen gar nicht/
sondern allein sag ich das solches zu vnserer zeit
auch geschehe/ vnd meniglichen vor augen sicht/
das wir auch gelehrte vnnd verstendige leüt ha=
ben/so wol als die alten gehabt haben/ vnd aber
ob mehr künst vnd künstlichere leüt seyen zu vnse=
rer zeit/ als zu den alten zeiten/ das ist vngewiß.
Dieweil keiner ist der ein wissens habe was für
künst/vnd wie vil künst/ die alten gehabt haben/
das ist aber bewnßt denen so die Historias/Poe=
tas/vñ Philosophos lesen/ das vil künst vnder=
gangen seyen/die heutigs tags vnbekandt seind/
vnd

vnd das newe künst erfunden/deren kein wissens
die alten gehabt haben zuvermütlichen / etliche
künst aber seind bey den alten hochgehalte gewe=
sen / die auch heutigs tags nicht gering geschetzt
seindt/sonder künstlich vñ sinnreich / als die artes
liberales vnd disciplinæ mathematicæ, auch ettliche
handtwerck/die nit abgehn/sondern gar breuch=
lich vnd nützlich.

Dann zu zeiten Aristotelis vnd Platonis/hat
man vberfluß gehabt gelehrter vnnd künstlicher
leut/so auch zu vnserer zeit võ Anno 1500 biß auff
dē heutigē tag/ist in Italia/Franckreich/Teutsch
land kein mangel gewesen an gelehrten leuten/vñ
künstleren/in allem dem so künstlich genennet mag
werden.

Zu zeiten des Keysers Augusti/vnnd kurtz
zuvor vnd hernaher/waren vil vnd mancherley
künstler in wasserbewen/in kriegsrüstungen/inn
vhrenwercken/vnd mit allerhandt gewicht/rä=
deren/vnnd dergleichen wunderbare wercken zu
machen/also das sie vil bücher darvon geschribē
haben/ wie Archimedes/Ctesibius/Heron vnd
andere. Zu diser vnserer zeiten haben wir solcher
künstler vil in allen orten/Teutsch vnnd Welsch=
landt.

Derhalben darauß endtlich zu schliessen ist/dz
kein vnderscheid ist welche gelehrter oder künstli=
cher gewesen seyen/die alte oder aber die so zu vn=

ser

ser zeit leben/ doch ettliche aufgenommen die bey
den alten hoch geehrt gewesen/ aber in abgang
kommen/ andere aber kunst auffgangen/ vnd an
jr statt gesetzt/ in den anderen so dazumal vnnd
jetzunder bekandt/ geht es auff vnd nider/ wie zu
sagē ist vnder vilen anderē die Artzney/ die Astro
nomey/ vnd derselbigen zugethanen handtwer=
cken genent mögen werden.

Archymedes hat ein grosse kugel gemacht/ die
selbige in Cristall eingeschlossen/ darinnē er zeigt
aller sternen/ lauff vñ bewegnus/ das ein sonder=
lich wunderwerck was/ Heron Alexādrinus hat
ein künstlich vhrwerck gemacht durch den tryb
des wassers. Archimedes macht vil vnd manch=
erley kriegsrüstung on zahl. Heron macht durch
bläst vñ wasser/ durch redder/ vil seltzame wun=
derwerck/ solche leüt findet man hentigs tags an
allen orte/ die künstliche vhrwerck/ wasserwerck/
kriegsrüstung/ gebew/ vestungen/ vnnd andere
wunderliche werck künstlich machen können/ so
wol als die alten/ jedoch etlich vil stück seind die
wir den alten nach nicht nach gethan haben/ etli=
che so weit gebracht das sie sich der alten werckē
wol vergleichen mögen.

Will zu einem Exempel nemmē des Archimē=
dis Cristallen kugel/ darinnē er gemacht hat mit
sonderlicher künst/ alle bewegnus vnd lauff der
Sonnē/ des mons/ der Planetē/ ja des gantzē fir=
mament s/

mainents/das sonder zweiffel vber alle künstli=
che werck gewesen ist/hab auch nie verstanden
das dergleichen hernaher gemacht seye worden/
aber das etliche solches nachzuthun vnderstan=
dē haben/ist glaublich/so auch mit wasserwerck/
blösten/ mit redderen hat Heron wunderwerck
gemacht/so findet man zu vnserer zeit auch die sol
che kunst künden/ sonderlichen mit vhrwercken
das ein alte kunst gewesen/vñ vor Christi geburt
im brauch/aber ob vnsere leüt so künstlich seyen
als der Heron/Archimedes vnd andere/das ist
gar nicht zuzugeben/dann dise seindt gelehrte vñ
in allen künsten erfarne leut gewesen/ vnsere vh=
renmacher/das sie selbs bekennen müssen/köndet
nichts weitters dann jhr handtwerck vermag/
haben nicht sich geübet/nach auch etwas erfaren
in Geometria/Arithmetica/Astronomia/vnnd
in der gantzen Philosophey/in welchen allen Ar=
chimedes/Heron/auch andere gantz wol erfahrē
gewesen seindt/ vnnd was die vnseren handt=
wercks leut in disen vnd anderen erlernet haben
von jhren meisteren/das haben sie von den Ma=
thematicis vnd Philosophis/welches zu bewei=
sen nicht von nöten/dieweil mäniglichen dissen
einwissens hat/an dem Homelio/Imsero/Apia=
no/Schonero/vnd anderen mehr/von welchen
solche künstler/den rechten grund jhrer künst ha=
ben/denen sey auch billich dancken sollen/ mehr

B

dann dem Archimedi von den seinen gedanck ist
worden/dann sie jn für nichts hielten/vnd nach
jrem groben verstandt/vermeinten die arbeit so
sie an holtz/steyn/eysen/goldt/silber/vñ dergleii
chen theten/solte höher geachtet sein als des Ars
chimedis sinreiche künstliche erfindũg aller wun
derbaren wercken die er angeben hatt/auch zum
theil selbers gearbeytet/da doch das gegentheil
sein solte/namlich die freyen künsten als die mehr
sinn vnd gedancken haben/vnd zu allen zeiten bö
heren verstand erforderẽ/in grösserem werht hal
ten/als die arbeyt so mit der handt geschicht mit
holtz/steyn/eysen vmbgehn/das vil ehe erler
net ist/dann solche künst dauon gemeldet/vnnd
thun gar törig die jenigen so solche handtwerck
wöllen denenkünsten fürsetzen/sie höher halten/
welche liberales artes genennet werden. Aber sol
ches geschicht von leuten/die kein verstandt nach
wissens habẽ/was die artes vnd disciplinæ seind/
vnd vermeinẽ dieweil sie groß arbeit thũn in jren
handtwerck/so sollen sie auch groß gehalten wer
den/da doch mehr an sinnreichen verstand in er
sindung vnd erlernung der freyen künsten gelegẽ/
on welche solche handtwercks leüt nichts köndẽ
aufrichten/sonderen müssen von jnen erlernen/
vnd wann sie das a b c in solchẽ künsten ergreif
sen/so vermeinen solche/sie haben die kunst gantz
vnd gar/vnd vberheben sich solcher erfarnuß.
Aber.

Aber diß ist jederzeit der welt lauff gewesen/
das vngleiche vrtheil gefallen seind von den sachē
so vorgangen/ vnd wer an die gassen vnnd offne
strassen bawet/ der müß sein arbeit von vilē rich=
ten lassen.

Wie dann vns auch geschicht die wir das
Astronomisch Vhrwerck in dem Münster zu
Straßburg gemacht haben/ welches dieweil es
an eynem offnen ort steht/ so sehen solches geleh=
te vnd vngelehrte/ verstendige vnd vnuerstendi=
ge die so vns günstig seind/ vnd vns auch vngün
stig/ die so solche vnsere arbeyt hoch halten vnd
rhümen/ vnd auch die so vns/ vnnd vnser grosse
gehabte mühe verlachen vnd verspotten.

Aber solches alles achte ich/ für mein person/
eyns/ vnd laß michs nicht anfechten/ hab ein güt
vernügen / das eyn Ersamer Rhat der Statt
Straßburg/ meine genädige gebietende Herren/
eyn güt vernügen haben an meyner arbeyt/ denē
ich von wegen vndertheniglichen pflichten zu=
gefallen gewesen bin/ vnd solches werck wie der
angenschein mit bringt anfänglichen ehe dañ ein
steyn oder ein ryß gemacht worden ist/ auff obge=
melter meiner G. G. H. befelch angeben/ vñ auff
gerissen für die augen gestellet hab.

Damit aber mäniglichen ein grundlichen be=
richt hette/ was in disem Astronomischen Vhr=
werck zusehen sey/ vnd was darinnen begriffen/

so hab ich auff bitt vnd beger vnd anmanung et-
licher meynen grofgünstigen Herren vnd freun-
den/dz gantze Astronomische vhrenwerck durch
auß wollen außlegen vnd erklären.

Welche außlegung vñ beschreibung ich Ewer
Herzlicheit vnd gunsten habe wollen zuschzeibe/
dieweil auß der Statt Schaffhausen burger vñ
burgers kinder daran gearbeitet haben/namlich
Tobias Stimmer/ vñ Josias Stimmer gebzü-
der beyde Maler/Jsaac Habrecht/vnnd Josias
Habrecht gebzüder die Vhzenmacher/ welchen
jhz rhüm vnd ehz billich gegeben soll werden/ so
vil jhnen für jhze gehabte fleyß mühe vñ arbeyt/
auch gettewer dienst einem jeden in seinem hand-
werck gebüret. Vnd von wegen dieser vieren ey-
ner loblichen Statt Schaffhausen vnnd jhrer
burger rhum vnd ehz nicht vergessen sein/ das sie
solche Burger hat/die in künstlichen arbeyten vñ
thumlichen wercken sich gebrauchen lassen.

Fürnemlichen aber hab ich mich wollen danck-
bar erzeyge gegen E. H. vnd G. für die vilfältige
gütthaten die E. H. vnd G. mir vnd den meinen
erzeigt hat/ vnd mit disem schreyben ein gemeine
lobliche Statt Schaffhausen ehzen/dz sie nicht
wenig zu solchem loblichen werck mit disen vier
obgenanten Burgeren gethan hat. Bitt solches
mein schreibens gnädiglichen vnd günstiglichen
auff

Verrede.
auff vnd annemmen / mich vnnd meine geringe
dienst jederzeit ewer herrlicheit vnnd gunsten
. befehlend. Datum den 20 tag Feb.
1578. Straßburg

Æ. Dienstwilliger

Cunradus Dasypodius
Mathematicus.

Warhafftige Außlegung des Astronomischen Straßburgischen Vhrwercks.

Von dem alten Vhrwerck vnd desselbigen abgang.

Das Erst Capitel.

Je Vhren so mit gewicht vnnd redderen angerichtet werden zu anzeigung der stunden vnnd der bewegnus Sons vnd Mons/ seindt von gar alten zeyt im gang gewesen/ vnd hat man solche allzeit sehr geehrt / wie solches zu bezeugen ist / mit vilen in vilen Länderen vhren/ also das solche so gemein worden/ das nicht allein in grossen Stetten stattliche vñ namhafftige Vhren auffgericht befunden werden / sonderen auch in Flecken vnd Dörfferen. Zu dem so hat Heron Alexandrinus vnd vor jm Archimedes / vnd vor denen andere mechanici mathematici/ das redderwerck / die gewicht/maß/vnd was dergleichen/ also beschribē auch in das werck gericht an vhren/ an wasserbewen/ an andere dergleichen wercken/ das solches handtwerck der gar alten eins ist/vnd nicht newlich erfünden / sonder allein mehr geziert/ vnd auff Archimedis kunst fürgebracht/wie dañ der hoch vnd wolgelehrter Imserus / Hommelius/Apianus / vnd andere zu vnser zeit Mathematici solche herrliche Astronomische vhrwerck gemacht

gemacht habē/die sich des Archimedis kunst na-
he zutreffen/auch seind vil dises handtwercks ge
wesen/vñ noch/die von den Mathematicis sol-
che kunst empfangen/vñ jhren nachkommen ver-
lassen haben.

Derhalb also dise kunst gemein worden von
tag zu tag/das vil seind die grosse vñ kleine vhrē
machen/auff vil vñ mancherley art/etliche künst-
licher/als die anderen. Es werden aber die alten
Vhren zu mehrertheil befunden auff Rhatheu-
seren/oder aber in den Templen/wie dann hin
vnd wider durch Franckreich/Italien vnnd Ni-
derlenderen auch Teutschland zu sehen ist. Also
ist auch allhie zu Strasburg in dem Münster
ein alt Vhrwerck gestanden/das wie ichs in der
gar alten Chronica so auff vnser Frawen hauß
versorgt wirt/gelesen/als dises Astronomisch
Vhrwerck habe angefangen/welches 200 Jahr
vngefar vor dem dises jetziges newes an die statt
gemacht ist worden/gestanden ist/welches wie
leichtlich abzunemmen gar in abgang vor vilen
Jahren komen ist/vnd ist das gantze Vhrwerck
von holtz gemacht gewesen.

Dasselbige Vhrwerck hab ich gantz fleissig be-
sichtiget/was vnd wie vil stück es gehabt habe/
vnd befunden erstlich vnden auff dem boden Ca-
lendarium generale wie gebreuchlich gewesen
auff holtz vñ anderer materj beschriben/welches
zum

zum Jahr einmahlen herumbgangen ist/ auch ist
darbey ein taffel auffgehenckt/in welcher der sibē
Planeten eygenschafft rheimen weiß geschriben
gewesen/welche noch verhanden.

Zum andern auff dem mitler bodē/ist ein Astro-
labium abgerissen mit Son vnd Mons zeygerē/
auch die stunden vnd halbe stunden angezeigt/
auff disem bodē ist auch das redderwerck gestan-
den / welches also von ält vnnd rost verderbt/
das es gantz vnnd gar vntauglich befunden
war.

Zum dritten/auff dem obersten boden ist ein
ronde aufladung gewesen/ darauff ein rad ge-
macht ward/auff welchem die drey König stun-
den/ vnd ein Maria bild von holtz geschnitzlet/
vor welchem sie sich bucketen wann das ober
Vhrwerck so dazu gemacht war gienge. Dassel-
bige kleyn Vhrwerck hat auch Cimbalen getri-
ben/welche auff etliche gesäng gerichtet wardē/
vnd nach dem selbigen krägte der Han.

Dise fürnembste stück vñ nichts mehr hab ich
in dem alten Vhrwerck befunden/welches gegen
dem jetzigē vbergestandē ist/an dem eck wie man
sich wendet in die Kirch hinein gegen dem Chor
vber.

Von disem werck haben wir gantz vnd gar
nichts können haben/ von wegen des/ das alles
zuvil alt vnd rostig war/vñ in ausserstē abgang
kommen/

korsten/außgenommen der alte Göcker oder Han/
welcher sehr alt/ namlich vber die 200 Jahr alt
ist/vnd zu der selbigen zeit auch ein seltzam wun=
der ding gewesen/ das ein Han also krägen soll/
welches bezeugt ein gar altes lied von dem Hanë
im Münster vñ dem Rhoraffen/in welchem der
Rhoraff als der älter ist gewesen/sich beklagt/es
lauffe jm niemands mehr zu/jhn zusehen/vñ sein
thůn das dazumalen auff gewisse tag breuchlich
war/sonderen jederman lauffe zu disen Hanen/
vnd wolle sein Hanen geschrey hören.

Darmit nun zu einem wahrzeichen des alten
Vhrwercks etwas behalten wurde/so habë wir
disen Hanen in dem newen werck auch hinzuge=
than.

Nach dem nun solches altes Vhrwerck
gantz vnnd gar in abgang kommen/ so hat ein
Ersamer Rhat allhie/mein G. G. Herren Anno
vngesehr 1547 erkandt/ein ander Vhrwerck auff
zurichten/nicht an disem ort/ sonderen dargegen
vber/wie dann jetzmalen gesehen würt/vnd seind
auch darzu verordnet gewesen drey fürneme ge=
lehrte vñ verstendige Mathematici Doctor Mi
chael Herus/Nicolaus Brucknerus/Christia=
nus Herlinus vnnd neben jhnen andere Handt=
wercks leüt/ vnd ward das werck so weit ge=
bracht das der Vhrenmacher ettliche redder/ vñ
das gestell verfertigt hat/ der Steynmetz das

C

geheuß auffgefürt/biß gar nach an den helm / die
Mathematici/das Aſtrolabium ſo ich hernaher
bekummen/vnd nach vorhanden iſt/ auch auffge-
riſſen haben. Nach welchem das werck ſolte ge-
macht ſein worden/vnd hat man den Schnecken
auch zu gůtem theyl außgemacht gehabt.

Aber ſolches werck iſt darnach durch etlicher
abſterben/vnnd anderer vngelegenheit/ ſo dazu-
malen einfielen verhindert/vnnd alſo vnaußge-
macht verbliben biß Anno 1571. von welchem
werck nichts anders zu diſem kommen/ dann al-
lein das geſtell/ vnd ettliche redder ſo das hanen
geſchrey vnd die Cymbalen treyben/die der Vh-
renmacher darzu gebraucht hat / vnnd were das
gebew vnnd das geheuß von ſteinwerck nicht ſo
weyt auffgeführt geweſen/ ſo were das werck
ſtattlicher vnd gröſſer/auch herrlicher zůmachen
geweſen/aber wir ſeind bey diſem geheůß verbli-
ben/vnd nicht weitter geſchritten.

Es iſt auch zu der ſelbigen zeit das geheuß mit
den zwölff zeichen vnd dem Monſcheyn ſo auß-
wendig vor der Kirchen ſteht/gemacht wordē/
das von dem jetzigē newen werck ein trib gieng/
wie dann jetzmalen zu ſehen/durch welchen der
Sonnen vnd des Mons lauff/vnd ſeine Mon-
ſcheyn zuſehen waren/ aber wie vorgemelt alles
verbliben/ diß hab ich kurtzlich wölle erzelen von
den zweyen Vhrwercken/ dem alten ſo im gang
vorzeiten

vorzeyten gewesen/vnd dem so angefangen aber
nicht ins werck volbracht / vnnd zu u ende gefürt
worden.

Von dem newen Astronomischen
Vhrwerck so jetzmalen auffgericht.

Das ander Capittel.

Nach der zeyt als dises vorgemelt
Vhrwerck angefangen war / ist
ettlich malen darumb angesücht
worde bey meinē G. G. H. durch
etliche Vhrenmacher/ aber meine
G. G. H. nicht rhatsam solches
besunden. Zu letst Anno 1571 kurtz vor Johaũis
Baptiste kam alher von Schaffhausen Jsaac
Habrecht vnd Josias Habrecht gebrüder/vnnd
zu derselbigen zeit burger zu Schaffhausen/ de-
ren ein jeder hatte ein sonder Vhrwerck gemacht/
der ein das Astrolabium, der ander Sphæram ma-
terialem wie die Mathematici solche Instrumenta
nennen/welche die stunden vnnd Planeten stun-
den/auch Son vnd Mons lauff/ vnd die Mon
schein durch redder vnd derselbigen trib zeigten.
Vnd dieweil die Herren von Schaffhausen etli-
che in dem stipendio in vnserer Schülen vnd A-
cademey halten/vnd mir besolhen ein auffsehens
auff sie zu haben/ dieselbigen kamē zu mir als Pro-
fessore Mathematico,begerten dise zwen gebrüder

C ij

durch dise studiolos an mich/jhnen behülfflich zu
sein/das jnen von meinen.G.G.H.solches Vhr=
werck in dem Münster außzuführen vertrawet
möchte werdē/solchē dienst vmb mich mit danck
zuverschulden.

Darauffhab ich als bald bey meynē G.G.H.
angesucht/ist jhnen zweyen so sehr zu vertrawen
bewilligt vnd erkandt/so fer ich Cunradus Da=
sypodius gůt für dise zwen Vhrenmacher sein
wölle/ das sie solches werck zu verrichtē ein wiß=
sens vnnd kunst haben/ welche erkandtnuß mir
schwer genůg fiel/ aber habs mit jhnen gewagt/
auff das warde auch befolhē ich solte ein solches
Astronomisch Vhrwerck erfünden vnd angebē/
das einer Statt Straßburg löblich/vñ dē Tem
pel zu Straßburg der weit vnnd breyt bekandt/
thůmlich were/welches zu dem vorigen verbür=
gen/mich hoch beschwert/vnd schwere gedanckē
macht/vnd hette wünschen mögē kein rhat oder
that disen zweyen brüderen gethan haben/die=
weil alles mir heim gewisen ward.

Auff solches hab ich meinē G.G.H. zu vnder=
thenigem dienstwilligem gefallen/ vnd meynem
vatterlandt zu ehren/mich darein ergeben/ vnnd
bewilligt/solches zuthun/vnd ein visierung oder
abriß durch den maler lassen abmalen/ vñ darin=
nen angezeigt was die fürnemste stück in dem A=
stronomischen Vhrwerck sein sollē/welche dann
                                    durch

durch etliche Doctores besichtiget/vnd für künst
lich auch rhümlich geachtet/vnd den zweyen brü
dern fürgelegt/darauff sie durch die Herrn Pfle
gen befragt/ ob sie solches wie ichs angeben vnd
erfunden/auch durch den mahler abgerissen fürs
g:legt/woltē vnderstehn zu machen/welches sie
bejahn vñ bewilligten/darauff ein verschreibung
auffgerichtet ward.

Letstlich warde mir zu den vorigen zweyen
puncten aufferlegt von meinē G.G.H den Pfle-
gern aüff dem Hauß ein inspection zu haben zu di
sem gantzen werck/zů vnd von zugehn/auch ver-
schaffen das alles wie es von mir angeben war/
in das werck gerichtet wurde / dann solches key-
nem fuglichen vnd kumlichen zuthun were / als
mir der dissens ein wissens hette/vnnd anfängli-
chen angeben vñ erfunden/auch auffgerissen fürs
gelegt hette.

Auß disen allen so ich wahrhafftig erzelt hab/
kan ein jeder leichtlich abnemmen wie mir zůmůt
gewesen seye / da ich sahe das sölches alles mir
auffgelegt war/bürg zu sein für die zwen brüder/
die frembt vñ mir vnbekándt warē/ dz sie solches
alles mit seiner zugethon auß der Astronomischen
kunst/wie ichs angeben hat / wurden durch jhr
handtwerck verrichten/darnach das ich solte die
inspection vnd anordnung versehen/ damit alles
an disem werck gemacht wurde nach dem befelch

meiner G. G. H. namlich ein Aſtronomiſch Vh⸗
renwerck anrichten vñ anoꝛdnen das dem Tem⸗
pel zierlich vnd der Statt Straßburg rhům̄lich
were. Wann auch daran etwas von den Vhꝛen⸗
macher/ für welche ich gůt bin woꝛdē/das ſie ſol⸗
ches wurden volbringen/ were verſaumet woꝛ⸗
den/ oder aber nit noch meiner G. G. H. befelch
nach/ were gemacht woꝛden/ kan ein jeder wol
erachten/ das ſolches mir wurde heim gewiſen
ſein/ vñ bette ich/ dem das gantz werck vertrawt
was müſſen rechenſchafft darumb gebē. Welche
ſoꝛg vñ andere zuſell hernaher mich in ein kranck⸗
heit brachten/ vnd wardt von wegē des groſſen
laſt/ den ich auff mich geladen/ auch anderer
beſchwerdt verurſacht vmb hilff vmbzulůgen/
Derhalben als ich ein gůten vertrawten Freůnd
hat/ dem ich ſolches vertrawen kundte vñ wuſ⸗
te/ vnd zu der ſelbigen zeit ſich zu Augſpurg hiel⸗
te M. Dauid Wolckenſtein von Preßlaw/ hab
ich freundtlichen an ihn geſchriben/ fleiſſig gebet⸗
ten/ er wolte mir zugefallen ſein/ vnd auff meinen
koſten alher ziehen/ mir behůlfflich ſein in diſem
groſſem thun/ vñ das werck zu ende helffen fůh⸗
ren/ ich wolte jm zu dem halben theil anſtehn laſ⸗
ſen/ was mir von meinen G. G. H. für gehabte
můhe vnd arbeit verehret wurde/ vñ ſolches iſt
geſchehen ein gantz Jahr hernaher/ Anno 1572
nach dem ich ſchon weit in dem werck fůrgefahꝛē
war

war/vnd die Bildhawer/auch der Mahler/der
Vhrenmacher vnnd Steinmetz/jeder in seinem
thůn vnd handtarbeit fürgeschritten war/ vnnd
vil stück verfertig gewesen seindt.

Als er nun bewilliget/vnd auch auff das für=
derlichst sich zu mir gethan/ hab ich jhme alle
heimlicheit alles mein vorhabens/ vnnd was ich
zu disem werck nutzlich vñ dienstlich achtete/an=
gezeigt vñ eröffnet/ welches ich zuvor niemands
(auß vrsach) hab wollen thůn/ vnd also mit ge=
wisser condition mit jm abgeredt vñ gehandelt/
auch angestellet/das er was ich jm angeben hab/
vnnd wir beyde mit gemeinem Rhat hatten bey
vns selber beschlossen/solte auffreissen vnnd ver=
fertigen/vnd in meinem abwesen/ mein statt vnd
lucke vertretten/darinne ich jn so trewlich vñ red
lich befunde hab/ das er auch in meiner höchsten
kranckheit/ nicht vnderlassen hat mir offtermal
zuzusprechen/mich rhats zufragen/auch das ge=
ringste/so er von meinetwegen zuthůn mir bewil
liget hat/ vnd ohn mein rhat/vorwissens/ vnnd
willens nicht wie man sagen möchte ein linien ge
rissen/vmb welche trewen vnnd fleissigen dienst
so er mir seiner zusagung vnnd verheissung nach/
bewisen/billich zu dancken hab/ vnd vmb jhn zu
verdienen schuldig bin.

Haben also wir zwen dises werck mit hilff
Gottes des Allmechtigê/vnd der handtwercks
leuten/

lenten die dazu gebraucht worden verrichtet / vñ
zu ende gebracht / vñ wa fehr nicht etliche vngele=
genheit / die ich mir selbers behalt / eingefallen / die
vns an vnferem thun vil malen gerhindert / wol=
ten wir vns nicht gesaumet habe / sonderen mehr
gethan vnd bewisen / bin aber gentzlich der hoff=
nung was mein vnd M. Dauids arbeit erfünde /
angeben / anordnung / vnd aller verwaltung / die
wir gehabt in vnderweisung deren so daran ge=
arbeit / vnd als handtwercks leüt nötig zu disem
Astronomischen Vhrwerck gewesen / es werden
vnsere G. G. H. zuvorderst ein güt vermügen / vñ
mäniglichen der solche vnser arbeit ansihet / ein
güt wolgefalen / haben.

Solches Astronomisch Vhrwerck haben wir
angefangen zu bedencken berahtschlagen / vnd in
das werck zu ziehen Anno 1571 kurtz vor Johan=
nis Baptiste / vnnd vollendet auch aufgemacht /
vnnd verfertiget durch hülff vnnd beystandt der
handtwercks leuten / Anno 1574. auff Johannis
Baptiste / also das ich drey Jar lang / vñ M. Da=
nid zwey jar mit mir / vnd Tobia Stimmer dem
mahler / welchen wir zu offtermalen in bedacht
vñ rahtschlag dere sachen so wir auß Astronomi=
scher kunst genome gebraucht haben / der auch sei=
nen höchsten fleiß erzeiget / vnd sein kunst vñ ver=
standt dermassen dargethan / das mäniglichē der
solchen seinē fleiß / kunst vñ arbeit an disem werck
                                        erzeigt /

erzeigt versteht rhůmen vnd loben wirt.

Diß alles hab ich notwendiglichen soll en vnd
můssen anzeigen zuuor vnnd ehe ich die beschrei=
bung des gantzen werck̃s anfieng/ dañ vil daran
meins erachtens gelegen ist/ wann zum eingang
ein jeder ein wissens hat/der werck̃ so zuuor da ge
standen vnd angefangen/vnnd deren die solches
jetziges werck̃ erfunden angeben berahtschlagt/
alles vnd jedes aufgetheilt vnd angeordnet / vñ
was ein jeder daran gearbeit hat/ damit einem
jeden geben werdt sein lob/ sein ehr/ sein rhům/
vñ nach seiner woluerdienter mühe/ arbeit/fleiß/
vnd trewen dienst/auch seine verehrung vnd be=
lohnung.

Von der außtheilung des gantzen
Astronomischen wercks.
Das dritt Capittel.

Je Astronomey welche ein Ma=
thematische kunst ist die da auß=
legt alle bewegnuß des Himels/
der sternen/ vñ durch solche auch
anzeigung thůt der zeit/Jar/tag/
vnd nacht/ gantze/ halbe stundē/
auch derselbigen minuten/ vnnd was mehr der=
gleichen sein mag/ vnnd solches alles auff das
schärpffest als menschliche vernunfft erreiche mag.

D

Dieweil aber ſolche kunſt nicht kan ſchlechtlich
begriffen werden/ſonderen zum theil durch täg-
lich langwerende vilen Jharen erfarnuß/vnd et-
licher Aſtronomiſcher Inſtrument gebraucht/
zum theil auch durch Geometriſche abriß vñ ab-
theilung/zum theil durchs ſcharpffe auftechnũg
verichtet werden muß/ vnnd ohn diſe vnd der-
gleichen niemands zu erkandnuß diſer kunſt kom-
men mag.

Derhalben hab ich ſölches anfänglichen vor
vñ ehe ich diſer Aſtronomiſch Vhrwerck hab an-
geben betrachtet/vnd nachgeſinnet/wie ſolches
zu wegen zubringen were/das in diſem werck of-
fentlichen für augen geſtellet werden/zum erſten
des himmels/der ſternen vñ ſiben Planeten lauff
vnd bewegnuß/ein jeder nach ſeiner art vnd ey-
genſchafft/wie ſie in der Aſtronomey beſchryben
werden/ namlich der oberſt himmelsder in 24.
ſtunden herumb laufft/vnd alles mit jm was im
himmel iſt/hernaher die Planetẽ/als Saturnus
in 30 Jaren/Jupiter in 12 Jahren/Mars in 2 Ja-
ren gar nah/die Sonn/der Mercurius vnd Ve-
nus in eynem Jar/der Mon in einem monat.

Zum anderen ſähe ich für notwendig an/vnd
auch nutzlich ſein die beſchreibung der zeit für au-
gen ſtellen/das da ewig iſt vnnd jnmerwerend
æternitas genant/darnach die zeit von 100 Jaren
Sæculum, vnd nach diſem der Planeten zeit wie
jetz

jetz gein elt biß auff den Mon/welcher die mc hat
vnd erscheidt/nach den monaten volgen die wo#
chen/ nach den wuchen die tag/ die stunden/die
halben stunden/ viertel stunden/biß auff die mi#
nuten.

Zum dritten/so bedachte ich auch zu derselbigē
zeit/wie ichs angab/ was zu einer zierdt vñ wol#
standt dienen möchte durch allerhand gemähle/
oder künstliche werck/ als da seind die bilden der
siben Planeten/die vier alter vñ andere gemeldts
vnnd zier vnd wolstandt / deren vil zu den selbi#
gen mahlen angezeygt werden/als die jetz genan#
te/vñ die abryß der Finsternuß auff etliche künff#
tige Jar/ vil sindt hernaher herzugethan/ nach
dem wir in das werck vnd thun kommen seind/
vñ nach gelegenheit gemehret haben/aber jetz ge#
meldte alle vnd jede stuck hab ich anfenglichen be
trachtet/auch in der visierung angeben/ vnd der
Herren pflegern fürgelegt/ wie dann die visierũg
so nach vorhanden/vnd die verschreibung darü#
ber auffgericht/ solches alles bezeuget vnd beste#
tiget war sein alles was ich hie schreib/ dann ich
mäniglichen der warheit berichten / vnnd nicht
mehr dann wie es ergangen/ vñ was anfenglich
mein gedancken gewesen eröffnen will.

Auß disem allen kan ein jeder wol verstehn/dz
es nicht ein schlecht thun ist gewesen/ vnnd das
solches werck nicht gering betrachtens erfordert

hat/ auch nicht auß dem Uhrenmacher allein her
flüſſet/ ſonder auß der Aſtronomey vnnd aller
ſchwerichſten vnnd höchſten ſtücken diſer kunſt/
auch keinem Uhrenmacher oder Handtwercks-
man der die Aſtronomey nicht auf rechtē grundt
geſtudiert erkennet vnd erfahren hat/ müglich ſein
kan vñ mag/ ſolches Aſtronomiſch Uhrenwerck
erfunden angeben/ anordnen/ vnd zu ende zu
bringen.

Damit aber ſolches mäniglichen beſſer ver-
nemme/ wie der Planeten/ der ſternen/ des him-
mels bewegnuß vñ lauff in diſem Aſtronomiſchē
Uhrenwerck zu vnderſchyden ſeyen/ vnd aller jr
zugehör begriffen/ vnd auch zu ſuchen/ ſo wil ich
das gantze Aſtronomiſch werck/ in ettlich thryl
abtheylen/ vnd ein jedes in ſonderheit beſchreibē/
Damit ſolches Aſtronomiſch werck deſto leicht-
licher verſtanden werde. Dann ich die zeyt her
allmalen war genommen hab/ das der mehrer
theil auß vnwiſſenheit deren ſtück ſo in diſem
werck begreiffen/ ſich allein verwunderen ab ſol-
chem ſo ſie anſehen/ aber nicht gentzlichen recht
betrachten was darinnen fürgeſtelt iſt/ welches
ſo ſie es begriffen wurdē vnd verſtehn/ hetten ſie
ſich deſſen/ nicht allein zu verwunderen/ wie täg-
lich beſchicht/ ſondern auch jhnen nutzlich zuma-
chen/ vnd was von den Aſtronomis geſchriben
wirt/ deſto leichtlicher wañ dauon redt gehaltē
wirt/ verſtehn/ vnd ein wiſſens haben.

Von dem Astronomischen Globo,
oder Kuglen/so auff dem boden vor
dem anderem werck steht.

Das vierdt Capitel.

Lobus Astronomicus witt die
Kugel so vndē auff dem bodem
der Pellican tregt/von den La-
tinis genant/in welcher Kugel
alle sternen so den Astronomis
bekandt/beschriben seind/nam-
lich 1022. die da in 48 bilder abgetheylet werden/
vnnd seind also in diser Kugel die grossen vnd
kleine sternen nach der leng vnd breite gesetzt/vn
auch gestaltet/ wie man solche sternen an dem
hiṁel vnd firmament sihet/habē auch wir zwen
vnd der Tobias Stimer der Mahler sehr gros-
se mühe vnd arbeit mit gehabt/ehe dann wir sol-
ches zuwegen bracht haben / vnd an fleiß vnnd
ernst in der scharpffen auftheilung an vns nicht
lassen erwinden.

Weitter so ist in diser kugel auch alles auff ge
risse / das in der Astronomey beschriben wirt
von den circulis spheræ von lenge tag vnd nacht/
von auffgang vñ Nidergang der Son/ Mons
vnd anderen sternen/von natur vñ eygenschaft
der Winden/ vnnd mit einem wort geredt/was

D iij

doctrina ſphærica vermag/das iſt auff diſer kugel
begriffen/mit ſampt des lauffs vnnd bewegnuß
des gantzen himmels/welcher in 24 ſtunden von
auffgang vñudergang biß wider zum auffgang
herumb laufft/welcher täglichē laufft in diſer ku-
gel/auch durch vns dargeſtellet iſt/dann diſe ku-
gel nicht/wie vil vermeinen/ſtill ſtehet/ſonder in
24 ſtundē geht/ſey gleich wie der himmel ein mal
herumb/alſo das diſe kugel anzeigt vnder ande-
ren nutzbarkeyten die ſie hat auffgang vnnd ni-
dergang Sonn/Mon/vnd der ſternen/vnnd zu
jeder zeit ſihet einer augenſcheinlich/welche ſter-
nen an diſem oder anderem ort ſtōnd.

Diſe kugel hatt drey werck ſchüch in der weit-
te/vnnd wigt ein Centner/iſt künſtlich auß tüch/
pappeyr/leym/kreyd vnd anderer matery alſo zu
bereit/das kein würm oder anders ſchaden dar-
an thůn kan/ſonder werhafftig ſein vnnd bleiben
wirt/welches ich warhafftig ſagen kan/dieweil
ich ſolche kugel lenger als 4 Jar gehabt/vnd als
ich diſes Aſtronomiſch werck hab angefangen/
meinen G. G. H. zu ehren vnd gefallen/vnnd zu
zierdt diſes wercks dargeben/dañ ich alles was
nützlich war zů erkundigen vnd zu erfinden/ha-
be mit ernſt bedacht vnnd vnderſtanden in diſes
werck zubringen.

Darmit aber nicht allein des himels vñ Soñ
vnd Mons/der ſternen lauff/angezeigt wurde/

in diser kugel/sonder auch die zeit/ so haben wir
den Pellican vnden gesetzt der dise kugel des him
mels tregt/welcher vogel ein anzeigung gibt der
ewig werender zeit/ welche die Latini nennen æ=
ternitatem, auch ist diser Pellican ein anzeigung
Christi/dieweil er sich selbers tödt/ vnd sein blůt
den Jungen gibt/sie bey den leben zu erhalten.

Vnd wann einer der diser kunst der Astrono=
mey erfaren alle stück so in disem werck begriffen
bedenckt/so wirt er vnder allen keins finden/ das
künstlicher vnd nutzlicher seye/als dise kugel/vnd
von wegen der fleissigen scharpffen auftheilung
vnd auffreissung/auch allem den jenigen so darin
nen begriffen werht were/das er an einem ande=
deren ort stünde/ vñ zu Astronomischer obserua=
tion gebraucht wurde/ wie dann alle gelehrte
h æ hematici das bekennen werden/ dañ an disem
ort nicht so hoch geachtet wurdt/ als wann er zu
den obseruationen wurde gebraucht/auß welchē
die Astronomey jhren vrsprung hatt/ vnnd heu=
tigs tags solche obseruation hoch vonnöte seind.

Zu welchen ich auch dise Kugel gespart hab/
vñ dahin richten wollē/ das sie nutzlicher könd=
te gebraucht werden/ dañ an disem ort/aber wie
vor gemeldt vnangesehen meynes nutz/ den ich
hette können auf diser kugel haben/ so hab ich sol
che kugel vngefördert vñ vngebetten/ von freyer
hand meinen G. G. H. zů vnderthenigen dienst
vnd

vnd wolgefallen / auch zu zierdt diſes Aſtrono-
miſchen wercks dargeben / vñ nicht minder fleiß /
ernſt vnnd ſcharpffe auftheilung daran gewen-
det / als wann ſie ſolte / oder auch in künfftigem
wurde zu den obſeruationen gebraucht / vñ wañ
ich ſolle rund vnd warhafftig ſagē / welches daß
fürnemmeſt / vnd bey den gelehrten zum höch-
ſten geachtet werck ſeye an diſem gantzen Aſtro-
uomiſchem Vhrenwerck / ſo iſt kein anders als
diſe kugel / wiewol der gemein man auch die ſo
vermeineu etwas wiſſen / ſolches auß vnwiſſen-
heit vnd vnuerſtandt der Aſtronomey nicht wiſ-
ſen noch können bedencken / ſondern achtens ge-
ringer / dann das hanen geſchrey / vnd die kinder /
das ſtundglaß vnnd andere ſo von bilderen ge-
macht iſt / welches nichts anders dann ein zierdt
iſt / vnnd weniger kunſt hat. Aber es were wol zu
wünſchen / das ein jeder von diſer kugel vnd an-
deren ſtücken ſo in diſem Aſtronomiſchem Vh-
ren werck künſtlich gemacht / nicht weitters vr-
theylet / als ſein verſtand vermag / vnnd groſſer
vermeſſenheit müſig gieng.

Diſes hab ich wollen anzeigen von der Ku-
gel / welche wir für das werck geſetzet habē gantz
ledig vnd loß / damit wir deſto mehr ſtück in das
gantze werck bringen möchtē / welche ich hernach
erzehlen will.

Von

Von den scheiben des Calenders vnd anderen stücken so vnden gesetzt / mitt sampt den Taffeln der künfftigen Jharen sünsternussen Son vnd Mons.

Das fünffte Capitel.

NAch der Kuglen so volget die beschreybung dreyer Taffelen / deren eyne zu der rechten / die andern zu der lincken hand gesetzet ist / vnd halten beyde ihn sich die beschreybung etlicher finsternuß Son vnd Mons ihn den künfftigen Jharen von dem 1573. Jhar / biß auff daß 1605. seyndt 32 Jhar / ihn der mittle ist eyn grosse scheyb auff 10 werckschuch hoch / welche ihn sich haltet den Calender / vnnd ettliche andere beschreybungen der zeyt so ihn der Christlichen kirchen gebreuchlich / vnd ist solche scheib / ihn drey theyl getheylet / das ausserste theyl hat ihn sich den Calender mitt seinen monaten / wuchen / tag vnd was dañ zu solchen gehörig / vnd seyndt zwey bilder an beyde ort gesetzet / zur rechten hand Apollo oder die Sonn / welche zeiget alle vnd jede tag mit dem pfeyl den Apollo ihn der handt hatt / das ander bild ist Diana oder Luna der mon welches zeyget den tag so stracks gegen der anderen deß halb Jhar machet / vnd dise ausserste scheib gehet in eynem Jar einmal herumb.   E

Das andertheyl difer fcheiben/ haltet vil ſtück in ſich/welche ich ordenlich erzelē will/iedoch mit lateiniſchen wozten/ dann zu deutſch ſolche nicht ſo verſtendiglich ſeynd.

Wir haben die ſcheib in 16 theyl getheylet.

1 Die Jahrzahl von Chriſti geburt angefangen von dem 1573 Jahr biß auff das 1673 Jahr alſo das die zeyt begriffen wirdt den 100 Jahren welche von dem Latinis ſæculum genennet wirdt.

11 Die Jahr von anfang vnnd ſchöpffung der welt auff die zeyt nach Chriſti geburt 1573 angefangen daß da iſt geweſen von anfang der welt. 5535. biß daß man zelt 5635. von anfang vnnd ſchöpffung der welt.

111 Dies æquinoctij verni.

1111 Horæ diei.

v Minuta horarum.

v1 Dominica Eſto mihi.

v11 Dies Paſchatis.

v111 Dies aduentus.

1x Interualli minoris Hebdomadæ.

x Dies Concurrentes.

x1 Interualli ad Paſcha Hebdomadæ.

x11 Dies concurrentes.

x111 interualli à Paſcha ad Natiuitatē hebdomadæ.

x1111 Dies concurrentes.

x y Litera

x v Litera Dominicalis.

x v i Litera bisexti.

Dises alles haben wir auff das schärpffest
müssen auffrechnen / wie wir dann auch solches
mitt vnserm Protocoll vnd buch beweisen vnnd
wahr machen können. Darinne alles verzeichnet
ist was zu solcher Calculation gehört / vnd von
vns in disem Astronomischen Vhrwerck Calcu-
lirt vnd abgerissen ist.

Das dritte theyl diser scheüben hatt in sich eyn
gemeyne landtaffel / vnd beschreibung des Teütsch
chlandes / in sonderheyt aber des Rheinstroms /
vnd auch eyn abconterfetung der Stat Strass-
burg mitt eynē kleinen täfelein / in welchem vnsere
namen zu eyner gedechtnuß verzeychnet seindt /
aber dise kleine scheib bleybt stettigs still ston / vñ
hatt eyn zeiger welcher zeyger vnd weyser alles
das jenig so oben erzelet ist / in der mittel scheyben
die in 100 Jharen eynmal vmbgehet wie dan vor
gemelt ist.

Damit aber mänigliehen nicht alleyn vnseren
fleiß mühe vnd arbeyt spüre vnd sehe in der Ku-
gel / in den dreyen scheyben / vnd diser aller aussre-
chnung vnnd scharpffen austheylung sonderen
auch in allen anderen stücken / so wil ich kürtzlich
erzelen / die finsternussen Sonn vnd monns so in
künfftigen Jaren werden / die wir mit allem fleiß
auffgerechnet vnd Calculiert / auch in den zweyē.

Æ ij

neben taffelen auffgeriſſen / mit ihrer gröſſe auch
anfang mittel vnd ende/welche zwo tafflen auch
durch Tobiam Stimmer ſchön mit allerhand
gemeldts geziret ſeyndt.

Anno 1573. ein finſternuß deß Mons dē 8 tag
Decemb: zu 8 vhren 22 minuten noch mittag/jr
anfang zu 6 vhren.vnnd 32 minuten jhr ende zu 10
vhren vnnd 12 minuten 17 puncten vnd 28 minu.
groß.

Anno 1574.. eyn finſternuß der Sonnen 5
puncten vnd 43 minuten groß den 13 Nouembris.
zu 4 vhren vñ 36 minurē noch mittag/ jhr anfang
zu 3 vhren vnd 35 minuten ir ende zu 5 vhren vnd
37 minuten.

Anno 1575 iſt kein finſternus.

Anno 1576. ein finſternuß des Mons ir punc.
vnd rlviij minuten groß/den vij tag octobris zu
rj vhren vnnd rviij minuten noch mittag/ jr an
fang zu ir vhren rliij minuten noch mittag/jr ende
zu rij vhren vnd liiij minuten.

Anno 1577 ein finſternuß deß Mons rvij
puncten vnd rlvij minuten groß den ij tag April:
zu viij vhren vnnd l. minuten nach mittag jr an
fang zu vj vhren vnd lviiij minuten noch mittag
jr ende zu r. vhren vnd rli minuten:

Anno 1577 ein finſternuß des mons rvij punc..
vnnd rviij minuten groß den rrvij tag Septem.
morgens

morgens zu j vhren ir anfäng zu xj vhren vnnd
vij minuten vor mittnacht/ir ende zu xj vhren vnd
luij minuten noch mittnacht.

Anno 1578 wuchrdt eyn finsternuß des Mons
i. punct vnd xxvj minuten groß dē xvij Septemb.
morgens fruͤ vmb j. vhr vnnd 34 minuten/jhr an=
fang wuchrdt zu xij vhren vnd luij minuten daß ist
noch mitternacht/ir ende zu ij vhren vnd xiij mi=
nuten:

Anno 1579 wuchrdt eyn finsternuß der Son=
nen/welchr wirdt sein auff den xxv Hornungs
auff den abent vngefahr vj puncten vn xxx minu=
ten groß/welche doch in Teutschland nicht gesehē
wuchrdt/sondern viel mehr von denen so gegen ni=
dergang der Sonnen wohnen/als Britania vn
andere lender/so gegen nidergang der Sonnen
seyndt.

Anno 1580 wuchrdt ein finsternuß des Mons
xij puncten vnd xxv minuten groß/auff den lesten
Jenner zu x vhren vn xlviij minuten noch mittag
jr anfäng wuchrdt zu ix vhren vnd vj minuten jren
de zu xij vhren vnd xxvij minuten.

Anno 1581 wuchrdt ein finsternuß des Mons/
xiiij puncten vnnd xxxvij minuten groß/den xix
Jenners zu x vhren vnnd lvij minutn noch mit=
tag jhr anfang zu ix vhren viij minuten jhr ende zu
xij vhren vnd xlvj minuten.

Anno 1581 wuchrdt ein finsternuß des Mons

riiij puncten vndrvj minuten groß/den rvſ Heww
monats zu v vhrn vnnd riiij minuten/jhr anfang
wirdt sein zu iiij vhren vnd rrr minuten / jhr ende
zu vj vhren vnd lviiij minuten.

Anno 1582 wird ein finsternuß der Sonnen/
iij puncten vnd vij minuten groß/dē rr Brachmo
nats morgens fru zu 4 vhren vnd rrrvij minutē/
ihr anfang zu iiij vhren vnd lvj minuten / jhr ende
zu v vhren vnd rviiij minuten.

Anno 1582 wird auch ein finsternuß des
Mons dē 8 Januarij vmb mitternacht viiij punc.
groß/aber doch gering vnd kleyn.

Anno 1589 würdt keine finsternuß bey vns.

Anno 1584 werden zwo finsternuß/eine der
Sonnen iij puncten vñ rvj minuten groß/den rrr
Aprilis morgens fru zu v vhren vnd rj minuten/
jhr anfang würdt zu iiij vhren vnd rrri minuten/
jhr ende zu v vhren vnd lj minuten.

Die ander finsternuß des Mons würdt rvij
puncten vñ rrv minuten groß/den viiij Nouemb.
morgens fru vmb j. vhr noch mitnacht vñ rrrviij
minuten / jhr anfang zu ri vhr vor mitnacht vnd
rlviiij minuten/ jhr ende zu iij vhr vnd rrviij minu
ten.

Anno 1585 würdt ein grosse finsternuß der
Sonnen/den rviiij Aprilis auff den abent wann
die Sonn vndergeht/aber in vnsern landen/we
ren wir solche finsternus nicht sehen können.

Anno

Anno 1585 den iiij May wird auch ein finsternuß deß Mons auff dē abent wañ die Sonn vns dergeht / aber in Vngeren vnnd solchen lendern wirdt sye gesehen / nicht bey vns.

Anno 1586 wirdt keine finsternuß werden.

Anno 1587 wirdt ein finsternuß des Mons ix puncten groß den vij Septembris zu ix vhren xxiiij minuten noch mittag / jhr anfang würdt zu vij vhren vnnd lj minuten jhr ende zu x vhren lvij minuten.

Anno 1588 werdē zwo finsternuß des Mons / die ein xv puncten vnnd vij minuten groß / den iij tag Mertzens morgens frü zu iiij vhren vnnd xl minuten / jhr anfang zu j vhren nach mitternacht vnnd lij minuten / jhr ende zu v vhren vnnd xxvij minuten.

Die ander finsternuß des Mons würt 17 puͤc vnnd xxvj minuten groß den xxvj Augusti morgens frü zu v vhren vnd viij minuten / jhr anfang wird zu iij vhren vnd xxij minuten / jhr ende zu vj vhren lviiij minuten.

Anno 1589 wirdt ein finsternns des Mons iij puncten vnnd v minuten groß den xv Augusti zu vij vhren vnd xxxvij minuten noch mittag / jhr anfang wirdt zu vj vhren xxviij minuten / jhr ende zu viij vhren vnd xxxvj minuten.

Anno 1590 werdē zwo finsternussen / eine der Sonnen v: ij puncten vnd xxxx minuten groß den

xxj Julij morgens frü zu vij vhren vnd xxij minu=
ten/jhr anfang wirdt zu vj vhren xix minuten/jhr
ende zn viij vhren vnd 25.minuten. Es wird auch
ein finsternuß deß Mons werden iiij puncten gar
noch groß/dē vij Julij morgens frü aber gar klein

Die ander finsternuß des Mons/wirdt x punc=
ten vnnd v minuten groß den xxx tag Christmo=
nats zu vij vhren xlv minutē/nach mittag/jhr an=
fang würdt zu vj vhren viij minuten/ jhr ende zu
viiij vnd xxij minuten.

Anno 159t würd ein finsternuß der Sonnen/j.
puncten vnnd xxvij minuten groß/den x Julij zū
iij vhren vnd xx minuten/nach mittag/jhr anfang
würd zu ij vhren/ jhr ende zu iij vhren vnd xlviij
mimuteu.

Anno 159t würd die ander finsternuß des
Mons auff xvij puncten vnnd xxx minuten groß/
den xxvj Junij auff den abendt/ aber würdt in
disen landen nicht gesehen werden / sondern bey
denen welche gegen auffgang wohnen.

Anno 159t würdt die dritte finsternuß deß
Mons xvij puncten vnd xxviiij minuten groß/ dē
xx Christmonats morgens frü zu v vhren vñ viij
minuten / jhr anfang wirdt morgens zu iij vhren
vnd xvij minuten/jhr ende zu vj vhren vnnd lviij
minuten.

Anno 1592 werdē zwo finsternuß des Mons
die ein viij puncten vnd vij minuten groß/den xiiij
Junij

Jn iiij zu x vhren vnnd vij minuten / nach mittag
jhr anfang wirdt zu viij vhren vnd xxxvij minu
ten / jhr ende zu xj vhren vnnd xxxvij minuten / die
ander würd iiij puncten vnnd j. minut groß / den
viij tag Christmonats zu viij vhren vnd vij minu
ten / nach mittag jhr anfang wird zu vij vhren vñ
j. minuten / nach mittag jhr ende zu viiij vhren vñ
xiij minuten.

Anno 1593 würdt ein finsternuß der Sonnen
iij puncten vnnd xiiij minuten groß / den xx tag
May zu ij vhren xx minuten / nach mittag jhr an
fang würdt zu j. vhr vnnd xxxxj minuten / jhr ende
zu ij vhren vnd lviiij minuten.

Anno 1594 würdt ein finsternuß deß Mons /
viiij puncten vnd x minüten groß den xxx Octob.
morgens frü zu vij vhr vnd xij minuten vor mit
tag jhr anfang zu v vhren vnnd xxxviij minuten /
jhr ende zu viij vhren xxxvj minuten.

Anno 1594 würdt die ander finsternuß / der
Sonnen auff viij puncten vnd xxx minuten groß /
den x May morgens frü / welche wir nicht recht
wol sehen werden sondern die so gegen auffgang
in östereich vnd vngern wohnen.

Anno 1595 werden drey finsternüssen eine des
Mons xviij puncten vnd lvij minuten groß / den
xiiij Aprillis morgens frü zu iiij vhren vnd xxxvij
minuten / jhr anfang zu ij vhren vnnd xlv minu
ten / jhr ende zu vi vhren vnd xxviij minuten.

f

Die ander finsternuß der Sonnen iij puncten
groß/würdt auff den rriij Septembris lvij
minuten/noch mittag/jhr anfang würdt rvüj mi
nut en noch mittag/jhr ende zu j. vhren vnd rrrvj
minuten.

Die dritte finsternuß des Mons würdt/rvüj
puncten groß / den viij October morgens frü/
welche alleyn jn den Occidentalischen länderen
gesehen würd.

Anno 1 5.9.6 würdt ein finsternuß des Mons/
iiij puncten vñ vij minutē groß/ den ij tag Aprilis
zu viiij vhren vnd rrrüj minuten noch mittag / jhr
anfang zu viij vhren rrvij minuten / jhr ende zu r
vhren rnd rrrvüj minuten.

Anno 15.9 6 würdt die ander finsternuß der
Sonnen vüij puncten groß/ den rrij Septemb.
morgens frü/welche wir nicht sehen können son
der die Occidentalische länder.

Anno 1 5 9 7 würdt kein finsternuß.

Anno 1 5 9 8 werden drey finsternus / die erste
deß Mons rj puncten vnd liij minuten groß/ den
rj Hornungs morgens frü zu vj vhren vnnd rrrrj
minuten jhr anfang würdt se n zu v vhren/jhr en
de zu viij vhren rrj minuten.

Die ander finsternuß gleich hernach an der
Sonnen vüij puncten vnnd rr minuten groß/den
rrv Hornungs morgens zů r vhren vnd lv minu
teu vor mittag/jhr anfang würdt zu niiij vhren
lvij minus

lvij minuten/vor mittag jhr ende zu rj vhren vnd
lij minuten/gleich auff den mittag.

Die dritte finsternuß des Mons würdt rij
puncten vnnd vij minuten groß/ den vj tag Au=
gusti zu vij vhren vnd rlij minuten/nach mittag
jhr anfang würdt zu v vhren vnnd lvij minuten/
jhr ende zu viij vhren vnd rrvj minuten.

Anno 1599 wirdt ein finsternuß des Mons/
rv puncten vnd rv minuten groß/den rij tag Jen
ners morgens frü zu vj vhren vnnd l minuten/
vor mittag jhr anfang zu v vhren jhr ende zu viij
vhren vnd rl minuten.

Anno 1599 würdt ein gar kleine finsternuß/
der Sonnen auff rl minuten groß/ den rij Julij
morgens frü/ aber wir werden solche nicht sehen
oder gar wenig.

Anno 1600 werden drey finsternuß/eyne des
Mons gar klein auff rlv minuten groß/den rr
January morgens frü.

Anno 1600 würdt die ander finsternuß der
Sonnen/vij puncten vnnd rrriij minuten groß/
den rrr Juny zu iij vhren vnnd rvij minuten nach
mittag jhr anfang würd ir minuten/ nach mittag
jhr ende zu ij vhren vnd rv minuten.

Anno 1600 würdt die dritte finsternuß der
Sonnen gar klein auff rlv minuten groß/den rrv
Decembris zu ij vhren vnnd rrr minuten nach

F ij

mittag/ würdt nicht woll bey vns gesehen.

Anno 1601 werden drey finsternusen die eyn deß Mons/ gar klein auff ij puncten vnd rv minu ten groß/ den ij Juny auff den abent würdt nicht woll gesehen werden.

Anno 1601 würdt die ander finsternuß deß Mons rj puncten vnd ij minuten groß/ dē rrviij Nouembris zn vij vhren rrij minuten nach mit= tag/ jhr anfang würdt zu v vhren rrrriij minu= ten/ nach mittag jhr ende zu ir vhren.

Anno 1601 würdt die dritte finsternuß an der Sonnen/ vij puncten vnnd rrrvj minuten groß/ den riiij Decembris zu ij vhren vnd rrviij minu= ten noch mittag jhr anfang zu j. vhren vnd rrrij minuten jhr ende zu iij vhren rliiij minuten.

Anno 1602 werdē zwo finsternuß des Mons eyne ir puncten vnd rlviij minuten groß/ den rrv May zu vij vhren rr minuten noch mittag jhr an fang würdt zu v vhren rrvi minuten/ jhr ende zu viiij vhren riiij minuten.

Anno 1602 werdē zwo finsternuß des Mons eyne ir puncten vnnd rlviij minuten/ noch mittag jhr anfang würdt zu v vhren rrvj minuten jhr en= de zu viiij vhren riiij minuten.

Anno 1602 wiird die ander finsternuß deß Mons rvij puncten vnnd rr minuten groß/ den rir Nouembris morgens f111 aber bey vns nicht woll gesehen werden.

Anno

Anno 1603 werdē zwo finſternuß des Mons
die ein vij puncten vnnd v minuten groß/den xiiij
May zu mitternacht vmb xij vhren vnnd xxxiiij
minuten/jhr anfang wůrdt ſein zu xi vhren vor
mitternacht/vnd ix minuten jhr ende zu j vhr vñ
lix minuten/nach mitternacht.

Anno 1603 wůrdt die ander finſternuß des
Mons j. puncten vnd xlvj minuten groß/den viij
tag Nouembris zu vij vhren vnnd xxj minuten
nach mittag jhr anfang wůrdt ſein zu vj vhren
vnd xxxv ijminuten ihr ende zn viij vhren vnd vñ
minuten.

Anno 1604 wůrdt kein finſternuß.

Anno 1605 werden drey finſternuß ſein die/
ein des Mons xj puncten vnd lvj minuten groß/
den xxiiij tag May zu viiij vhrn xxvj minuten/
noch mittag jhr anfang wůrdt ſein zu vij vhren
vnd xlv minuten jhr ende zu xj vhren vnd vij mi-
nuten.

Anno 1605 wůrdt ein finſternuß des Mons
viij puncten groß/den xvij tag Septembris zu
iiij vhren frů am morgen/vnd xlviiij minuten jhr
anfang wůrdt zu iiij vhren frů vnd xix minutē/jhr
ende zu vj vhren vnd xix minuten.

Anno 1605 wůrdt die dritte finſternuß an der
Sonnen ſchröcklich vnd groß/xj puncten/vnnd
xlij minuten den ij tag Octobris zu ij vhren nach
mittag jhr anfang wůrdt lviiij minuten noch mit

tag jhr ende zu iiij vhren noch mittag.
Anno 1606 würdt kein finsternuß.

Dise finsternuß alle so von vns in vnseren län=
dern gesehen werden auff bestimpte ietz angezeig=
te zeyt / Jar / tag / stund / vnd minuten / mit jhrer
grösse / werden ihn disen zweyen taffeln gesehen /
welche auff dz fleyssigest von vns auffgerechnet /
vnnd jhn jhrer grösse beschriben seyndt / wir wa=
ren auch vorhabens solche auff mehr Jhar / der
mitlen scheuben 100 Jharen gleych zu vollstreckē /
aber vns solche beschwernuß in disen wie jhn
anderen stücken fürgefallen seyndt / die ohn nott
zu melden / das wir solches haben ersitzen lassen /
vnnd bey den xxij Jharen verbliben / iedoch also
versehen das noch ende der xxij Jaren andere
taffeln eingesetzt werden.

Es seindt auch solche scheuben vnnd taffeln
mit schönem gemäldt von Tobia Stimmer ge=
zieret als die vier monarchey nach dē weissagung
des Propheten Danielis vñ anderer / so auch an=
dere mehr vnd mancherley gemäldts die lüstig zu
sehen seyndt.

Oberhalb disem allem so ietz erzelt / so ist ein
Runde aufladung auff welchen die siben Plane=
ten von schönen bilderen künstlich geschnitzlet
seindt / ieder Planet besonder / welche auff jhre
tag wuchliche herauß gehn / vnd sich sehen lassen /
welche wir derhalben dahin gesetzt haben zu ey=

ner

ner anzeigung der tag in der wuchen vnnd auch
der wuché selbs/dan vonnöten war/nach dé tag
welcher in dem Calender verzeichnet die wuché
anzuzeigen/derhalben die Planeten die wuchen
verkündigen vnd der wuchen tag.

Also ist kürtzlich der vnder boden beschriben/
mit der Kugel/den dreyen scheuben/vnd zweyen
tafflen der finsternußen/auch Planeten scheüben/
die anzeigen alle vnnd jede wuchen/vnnd tag der
wuchen/volget nun der mittel Boden.

Von dem Astrolabio vnd monscheit
auch den stunden.

Das sechst Capitel.

Vff dem mittel Boden haben wir
auff das flache feldt des auffgeri=
chten steins abgerißen ein Astrola=
bium/welches alle die stück in sich
hatt/die ein Astrolabium habe soll/
mit sampt den zeigern der siben Planeten/welche
also in einander gerichtet seindt/das ein jeder Pla
net seinen lauff verrichten kan/vnd mäniglichen
zu jederzeit sehen/in welchem zeichen ein jeder
Planet seye wie weit erfurschreit/vnnd dieweyl
auff dem vnderen Boden/ein globus Astronomi=
cus ist/haben wir alhie zu einem knopff vnnd be=
stigung der zeiger ein globum terrestrem darin

S iiij

alle landtschaffteu begreiffen/abgeriſſen vnd daꝛ
her geſetzet / Damit ein vollkomme oder beyna=
he ein vollkomene beſchreibung ſie / aller deren
dingen/die zu einem Aſtronomiſchem werck ge=
hörig.

Auch werden hie angezeigt die gantzen vnnd
halben ſtunden/vnd auch viertheyl ſtunden mitt
ihꝛen minuten / alſo das die gantzen vnnd halben
ſtundē in dem Aſtrolabio.fleiſſig ſeindt abgeriſſen/
die viertel ſtunden vnnd jhre minuten / in einem
kleinen täfflin/darbey zwei kneblin ſitzen/ deren
eins das ſtundtglaß vmbkört / dz ander wan die
glock die ſtund verkündet/ mit einem ſcepter ſo es
in der handt hatt/die ſtreich der glocken nach ze=
let.

Neben diſem allem ſeindt die vier zeit des
Jars Früling/ Sommer/ Herbſt/ Winter/ mitt
den vier fürnemmen alteren abgemahlet in den
neben ecken des Aſtrolabñ.

Vnnd dieweil oberhalben ein Ronde auflaͤ
dung iſt / daraꝛff die vier alter mitt bilderen ge=
ſchmitzet herumb gehn/ ſo hatt vns für gut ange=
ſehen vnder diſer aufladung den Monſchein an=
zuzeigen welches ſehꝛ nützlich vnd dienſtlich iſt/
ja vonnöten in beſchreibung der zeit/ alſo dz nach
beſchreibung der 100 Jahꝛen/ eines Jahꝛs/ der
tag/ſtundt/vnd wuchen/notwendig eruolget ein
beſchreibung der Monatzeit/ welche nicht kum=
licher

licher hettekönnen für augen gestellet werden/
dan durch den Monschein.

Also ist dis die beschreibung des mittlers bo=
den da auch zwen Löwen stond die der statt
Straßburg wappen halten/an welcher statt
wir etwas anders zu setzen/vorhabens gewesen/
das auch mehr bedeutung gehabt hette/aber et=
licher vngelegenheyt halben/die dazumal fürfiel=
len verbliben/vnnd dise zwen Löwen an statt ge=
setzet seind worden/auch ist auff disem vnder bo=
den das Vhrwerck/welches alle die redder hat/
die zu dem gantzen werck gehörig/vnd die haube
Redder billich genennet werden mögen.

Von dem obern boden da die vier al=
ter die viertheil stunden schlagen.

Das sibende Capitel.

Uff disem obern boden/ist ein Radd
darauff die vier alter herum gehn/
vnd die viertheil stunde schlagen/an
den Cymbalen/so dohin zu disem
werck vnnd thun/derhalben gesetzet
seindt/auch so ist noch ein kleine aufladung über
diser/auff welcher der Todt vnnd Saluator auff
einem Radd gesetzet gehn/vnnd der Thodt die
stunden schlecht/auch gleichsfals mit Christo strei=
tet/welches auch mit den alteren dem Thodt

G

vnd Christo / ein sondere bedeutung vnnd außle-
gung hat / die mäniglichen leichtlich verstôn kan.

Nach disem oberen boden so geht der helm an /
welcher auch ein boden inwendig hat / darauff die
Cimbalen gesetzet / welche also gerichtet seindt /
durch M. Dauid Wolckensteyn / daß sie etliche
Psalmen / vnd geistliche geseng lieblich schlagen /
auff welche hernaher der alte 200 Järig Hann /
zweimal krehet / der auff dem kasten darin daß ge-
wicht gehet gesetzet ist.

Also haltet sich deß werck so in dem Tempel ge-
setzet ist / vnd zu eyner anzeygung der bewegnuß
vnnd lauff des Himels / der Sternen / Planeten /
auch anweisung der zeit / Jahr / Môat / tag / stund,
vnd minuten / mäniglichen zu nutz / vnd eyner löb-
lichen stat Straßburg zu ehren / auch dem Tem-
pel zu einer zier vnd wolstandt / von vns auff vnd
angerichtet ist worden.

Von den ausseren Vhrwerck so vor
dem Tempel gesehen werden.

Das acht Capitel.

Damit aber eyn jeder der solches Astro-
nomeisch auherwerck ansihet / auch
ausserhalb dem Tempel etwas habe
zu besichtigen / vnnd auch der so daß
jhnnerwerck richtet ein directorium
des werck's / nach dem er sich zurichten
hatt

hatt/an der handt wisse zuhaben/so sindt von mir
vnd Dauid Wolckenstein oben an dem gäbel ab=
gerissen etliche Sonnenauhren/auff ein sonder
form/darinnen vil zusehen ist/neben den gemeinē
stunden/als die Planeten stunden/vnnd anders
mehr so auß der Astronomei genommen/vnd vil
mühe vnd arbeit auch kunst hat/welche wenig ge
achtet/aber von denē so/in der Astronomey erfa=
ren hoch gehalten würdt.

Hernaher ein steinen taffel darinen die zwölff
zeichen seindt gehauwen mit Sonn vnd Mons
zeygern / darauß man sehen kan nicht allein die
stunden sondern auch Sonn vnnd Mons lauff/
auch die tag lenge/mit sampt dē Monschein durch
ein Ronde kugel/so oberhalb über der steinen Taf
feln ist/zeiget würdt.

Also hab ich kürtzlich alle vnnd jede stück dises
Astronomischē auhetwercks kürtzlich durchgan=
gen/vnd angezeigt/was fürnemlich darinnen be=
griffen/vnd auch zu sehen seie/bit māniglichē sol=
chen meinen einfältigen bericht/zu gut auff vnd an
nemmen/vnd auch zum gutem außlegen / dan ich
vmb besseren verstands willen/solches für mich
genommen hab/zu erklären/vnd auch meniglichē
zu berichten / wie es ein gestalt habe vmb dises
gantzes werck/ auch deren so zuuor dagewesen/
wer die seien die solches anfänglichen an=
geben/vnnd erfunden haben / was auch ein

jeder für arbeit daran gethan. Damit aber die
Personen so solches verrichtet haben/mit vnd bei
jhren namen erkand werden/will ich solche erze=
len.

Die Herren pffleger meyne G. G. H. seindt.
Herr Diebolt Joham alter stattmeister.
Herr Michael Liechtensteyger alt Amincister.
Herr Friderich von Gottesheim dreizehner.
Dise jetz genante Herren/habe die verwaltung
jhn jhren handen vonwegen der Obrigkeit ge=
habt/ ich Conradus Dasipodius hab anfang
lichs auff meiner G. G. H. beuelch dis Astrono=
misch werck angeben/vnd in eine visierung meine
G. G. H. fürgelecht/ hernacher zu mir beruffen
M. Dauid Wolckenstein/ der mir in anordnung
aller vnd ieder stuck/ so die handwercksleut habe
sollen verrichte/ treuwlich vnd fleissig geholffen
hatt/ zum ende vnnd verfertigung außzuführen/
Tobias Stimmer der mahler hat hohen fleiß an
gewendt/vñ in vnserer beider beratschlag vns vil
geholffen/hatt zu eynem gehülffen gehabt/ Josi=
am Stimmer seinen bruder/was für fleiß mühe
vnd arbeit auch kunst habe Tobias Stimmer an
gewendet/lasset sich in allen stucken sehen/fürnem
lichen aber in der Kuglen in den dreyen scheuben/
vnd in den zweien tafflen der finsternußen/Isaac
Habrecht/ vnd sein bruder Josias Habrecht ge=
bruder/habe anfengliche des gantz auherwercks
sich

sich vnderzogen / vnnd in der verschreibung, ver=
sprochen alles was für eysen oder Redder / vnnd
jhr handwerck betreffen würdt zu verrichtē / aber
hernacher durch etlicher vngelegenheit alleyn võ
Jsaac Habrecht aufgefürt / vñ zum ende gebracht
alles was ein auhrēmacher an sólchē auherwerck
zuuerrichten hat / künstlich auch trewlich seiner
zusagung nach vnnd fleissig zum ende gebracht

Sonst seindt auch zu solchem astronomischen
auherwerck gebraucht worden / neben ietz gemel
den Personen / die biltschnitzer / der werckmeister /
der schaffner / vnnd andere / welche iedem wolbe=
kandt seyndt / deren keiner gewesen / der nicht tre=
wlich vnnd fleissig gearbeit hat / damit solches
astronomisch auherwerck volbracht werde.

Dis seie nun kürtzlich von disem Astronomischē
auherwerck erklärung halben gehandelt / bit zu=
uorderst mein G. G. H. eyn Ersamen Rhatt
alhie / mit meinē geringen diensten / so ich bewisen
ein gnediglich vernügen zuhaben / die anderen so
dis Astronomisch auherwerck sehē / vñ nicht schle
chtlich sehen / sondern mit verstand vnd wissen=
heit der Astronomey / sólē betrachten / was mühe
vnd arbeit / auch nachdenckens vnd erforschung
solches erfordert habe.

Nun mehr da es erfunden auff vnnd angeri=
chtet vnnd in sein Ordnung kommen ist / las ich
zu / das leut sein werden / die solches vnderstehu

nach zuthun / vnd so nicht durchauß / doch stuck-
weiß für zubringen / aber ehe dan dergleichen / ge-
sehen war / vnnd für augen gestelt / ist mir wol be-
wust / das wenig red dauon gewesen ist / wie sol-
ches vnd dergleichen Astronomisch werck anzu-
richten were. Hiemit wil ich beschliesen / vnd
mäniglich bitten / solches mein schrei-
ben / das ich allein zu einem bericht
gethan / vnd niemands zu lieb
oder / leid zu gutem ver-
standt auflegen.

ENDE.

Bayerische
Staatsbibliothek
München